NOTICE HISTORIQUE

Sur le Village

DU TECH

PAR

l'Abbé Michel FERRER.

NOTICE HISTORIQUE

Sur le Village

DU TECH

PAR

l'Abbé Michel FERRER.

CÉRET

IMPRIM. ET LIB. L. ROQUE, PLACE DE LA POSTE

1902

Notice historique ❀ ❀ ❀
❀ ❀ sur le village du Tech

Je veux parler de ce petit et si coquet village qui s'est placé comme à plaisir dans un vallon verdoyant et étroitement entouré de montagnes. Moins élevées à l'Est et au Midi, elles permettent aux rayons bienfaisants de l'astre du jour d'arriver de bonne heure ; plus élevées à l'Ouest et au Nord, elles abritent assez de la violence du vent.

Le village est à cinq cents mètres environ d'altitude. Je n'étonnerais donc personne si je disais que le climat y est tempéré, délicieux en été, assez doux en hiver. Souvent, pendant la saison la plus rigoureuse de l'année, on se croirait dans la plaine ensoleillée du Roussillon.

Deux cours d'eau arrosent le village du Tech. C'est, d'abord, la rivière qui lui a donné son nom , c'est, ensuite, la rivière qui descend de Banat ou de Saint-Guillaume-de-Combret.

Trois fontaines : la *font del Prat*, la *font de la Juliana* et la *font del pont de las Sitjas*, en réjouissent la campagne. Elles sont un but de promenades hygiéniques.

De plus, ce village est traversé par la route nationale qui, certes, est loin d'être déserte : des voitures publiques font régulièrement, matin et soir, le trajet d'Arles-sur-Tech à Prats-de-Mollo. Ainsi tout contribue à faire du Tech un site pittoresque, riant et agréable tout à la fois.

La population, dont la moitié habite des métairies disséminées, se compose de 450 âmes. Elle n'est guère destinée à augmenter d'une manière sensible. La raison, c'est que les familles qui existent aujourd'hui, trouvent à peine les moyens de pourvoir à leur subsistance. Les châtaigneraies, autrefois la richesse de ce pays, ne se vendent plus qu'à un prix dérisoire. Puissent de meilleurs jours luire bientôt pour cette contrée si éprouvée !

Le Tech est en même temps paroisse et commune, ayant toutes deux les mêmes limites (1).

Erigé en succursale en 1826, il se sépara de la commune de Prats-de-Mollo en 1862 pour devenir commune à son tour, grâce aux démarches persévérantes de M. Michel Trescases.

(1) M. l'abbé Joseph Deltrull les décrit en ces termes :

« Du côté de l'Est, elles confrontent avec le petit ravin appelé la Fou ou rivière de Muneills, qui se jette dans la rivière du Tech, près de Manyaques, montant vers le nord jusqu'à une châtaigneraie située en face du hameau dit de la *Miséri*, montant de là à la Tour de Cos, suivant la crête dite de *Puig-Haut, Dondebous, Pradeilla, Roue, Puig-Ventos, Pla de la Fage, Puig-Pastors, Treize-Vents* et jusqu'à la *Porteilla du Canigou*, descendant ensuite toujours en suivant la crête de l'autre montagne que l'on appelle : *Sept-Hommes, Gallinasse, Serre-Vernet, Serrains, Col Llancé, Col de Sou, Cabrès*, descendant à un petit oratoire de Saint-Eloi, sur le vieux chemin d'Arles à Prats-de-Mollo, passant la rivière du Tech et la métairie de *las Sitjas*, montant à *Puig Colomb* ou *Fontfreda*, et longeant, en descendant, la montagne qui est vis-à-vis vers le midi jusqu'à la réunion de la rivière de Galdares et de la rivière du Tech, suivant la rivière du Tech jusqu'à rencontrer le ravin ou rivière de Muneills d'où nous sommes partis.

« Archives paroissiales du Tech »

Les habitants du Tech n'ont pas été ingrats envers lui. Ils lui ont témoigné leur gratitude, en le maintenant constamment à la tête de la municipalité, à part un interrègne de très - courte durée, qui eut lieu en 1870.

Aussi M. Trescases n'a-t-il pas cessé de mériter la confiance de ses administrés par son affection et son dévouement, en se faisant non point l'homme d'un parti, mais le serviteur de tous.

Le Tech enfin se divise naturellement en trois parties :

1° La rue d'Amont ;
2° L'intérieur du village ;
3° La rue d'Aval.

I.

La rue d'Amont.

Ce quartier est séparé de l'intérieur du village par la rivière de Banat, mais il lui est relié par deux ponts dont l'un est très-ancien et l'autre très-jeune encore.

Le pont qui touche maintenant au palais scolaire, remonte à une époque reculée. Des actes publics de 1641 et de 1586 en font déjà mention. Il y est parlé de terres, de maisons, situées au lieu du Tech audessus du pont de Banat. Aurait-il été construit en même temps que l'ancien chemin royal, allant d'Arles à Prats-de-Mollo, passant par le Tech, cotoyant la rivière qui porte ce nom ?

Ce chemin qui existait en 1660 et en 1586 (1), n'est-il pas le même que celui qui est mentionné dans une charte de Pierre, roi d'Aragon, datée de Barcelone au mois d'août de l'an 1371, transcrite dans un vieux registre de 1399, qui se trouve aux archives de la mairie de Prats-de-Mollo ? Il y est dit que, par crainte du viguier qui prétend s'attribuer l'instruction des crimes commis sur le chemin de Perpignan à Prats-de-Mollo, le baile de cette dernière commune n'a pas voulu connaître de la cause d'une femme tuée sur la voie royale ni l'enlever de cet endroit sans l'avis du viguier, et qu'il a fait garder le cadavre pendant deux jours par des particuliers de l'université de Prats, en attendant la permission de l'ensevelir.

Le second pont est tout à fait récent. Il est contemporain de la route nationale actuelle, une des plus belles et des meilleures du département.

Commencée sous le troisième Empire, elle a été terminée sous la troisième République.

Si je ne fais erreur, une vingtaine de maisons sont disposées presque en ligne droite entre le pont de Banat et le petit oratoire de Saint-Sébastien. Elles confinent à l'ancien chemin royal, aujourd'hui de Cos ou de Montferrer.

(1) « En poder du M⁰ Guillem Bonada notari de Ribes, als 24 de maig 1660, G. Anglada sabater o botiguer consigna un censal a la communitat de la iglesia parochial de Prats-de-Mollo de annual pensio de sinch lliuras y dos sous — moneda de Perpinya — que tots anys feia la heretat y bens de Joan Bargia ats Saboya situat dajus la Tradossa prop lo cami real qui va al Tech. » (Aarchives paroissiales de Prats-de-Mollo).

« En 1586, Guillem Nohell maçon, habitant au lieu du Tech, reconnait, en présence de très-illustre seigneur Don Louis de Llupia, procureur du roi, posséder dans le directe du roi d'Aragon une pièce de terre sise au lieu dit de la *Balma* et *Canaleta* vers le lieu du Tech, confrontant, du midi, avec le chemin royal qui va de la ville de Prats-de-Mollo à la ville d'Arles. » (Archives particulières).

Il y avait déjà quatorze maisons dans ce quartier en 1603, suivant un terrier de cette époque. Situées au lieu du Tech et dans la paroisse de Sainte-Cécile de Cos, elles étaient soumises à la directe seigneurie du curé de Sainte-Cécile de Cos, qui était alors Jean-Antoine de la Guerra et elles lui payaient le *louisme*, le *foriscape*, la dîme et la prémice.

Voici les noms de leurs propriétaires et leurs limites tout à la fois, à titre de curiosité :

1° Saturnin Sentenach, serrurier, du lieu dit du Tech, déclare posséder, en faveur du révérend Jean-Antoine de la Guerra, prêtre et recteur de Saint-Etienne d'Arles et de Sainte-Cécile de Cos, une maison située au Tech et dans la paroisse de Sainte-Cécile de Cos, au lieu vulgairement appelé *lo serrat* devant le lieu du Tech et *lo sola*, confrontant, d'Orient, avec les terres de la métairie de la Font que possède l'héritier de feu Jacques Cairo, et par le *serrat* amont del gorch Bollidor, eau versant du côté du Tech jusqu'au chemin qui va de la Casadamont à Cos ; du Midi, avec le chemin royal qui va d'Arles à Prats-de-Mollo ; du Couchant, avec tenance de Jean Llorensi forgeron ; et de Septentrion, avec le chemin qui va de la Casada-mont à Cos.

Cette maison est placée en la directe seigneurie du dit curé ; elle lui doit le louisme, le foriscape, la dîme et la prémice de tous les fruits comme laine, légumes, *carnalage*, lin, et tout ce qu'on a coutume de payer.

Cette propriété a été vendue à Saturnin Sentenach par Jean Cairo à qui elle appartenait à titre de *stabi-limenti* à lui fait par vénérable Pierre Ros prêtre, autrefois curé de Sainte-Cécile de Cos. — Acte reçu par Michel Calvo notaire d'Arles, le 16 novembre 1551.

Fait à Arles le 13 juin 1603. Notaire Jérôme Arnal.

2° Jean Cavaller, muletier du lieu du Tech, a une

maison, un pâtus et un jardin, situés sur le chemin royal qui va du lieu du Tech au pont de Galdares, confrontant, d'Orient, avec le torrent vulgairement appelé le torrent Araner, et du Midi, avec le chemin public.

Cette maison fut vendue à Jean Cavaller par *Garcie* Sentenach le 1er juin 1585. Ce dernier l'avait achetée à Jean Cairo.

3° Jean-Pierre de Llorensi ats de Bo, forgeron du lieu du Tech, possède, au *sola*, une maison et quelques terres confinant d'Orient, à tenance de Saturnin Sentenach serrurier du Tech ; du Midi, au chemin royal d'Arles à Prats-de-Mollo ; d'Occident, à tenance de Garcie Sentenach forgeron, habitant maintenant à Arles ; et de Septentrion, aux terres de Jean Cairo et au chemin qui va de la Casadamont à Cos.

4° Marguerite de *Vigo*, veuve de Sauveur de *Vigo* forgeron du lieu du Tech, a une maison qui confronte, d'Orient, avec la maison de Jean Cavaller ; et du Midi, avec le chemin public.

Cette maison était une dépendance de la métairie de Ste-Cécile de Cos. Sauveur de Vigo l'avait achetée le 3 juillet 1597 à Laurent Montaner tailleur à St-Laurent-de-Cerdans, à qui elle avait été vendue par Garcie Sentenach forgeron du Tech le 25 janvier 1590.

5e Jean Lafont, tisserand à lin, du lieu du Tech, a une maison et un jardin contigus et confrontant, du midi, avec le chemin royal. Ils appartenaient autrefois à Jean Cairo, habitant à la paroisse de Cos.

6e Antoine Cossuli, forgeron du lieu du Tech, possède une maison, un patus et un jardin contigus et confrontant, du midi, avec le chemin d'Arles à Prats-de-Mollo.

7e Barthélemy *Centenach*, ouvrier à fer, du lieu du Tech, possède une maison, un patus et un jardin contigus. Ils confrontent, du midi, avec le même chemin.

8e Une maison bornée au midi par le dit chemin royal appartient à Raymond Vinyals laboureur.

9e Jean Vicens, tailleur de pierre, du lieu du Tech, reconnait avoir en sa possession une maison et un jardin confinant, du midi, au chemin public qui va du Tech à la ville d'Arles.

10e Pierre *Nouell*, serrurier du Tech, a un morceau de terre où se trouve une maison, située près du pont de Banat, en face d'une grosse pierre.

11e Jeanne Fau, épouse de Jean Fau, possède une maison qui n'est pas encore tout à fait construite et confronte, du midi, avec le chemin royal.

12e Une maison limitée, au midi, par le chemin royal, appartient à Jean Fabraga, brassier.

13e Jean André Vigo, forgeron, du lieu du Tech, possède une maison et un jardin contigus et bornés par le chemin royal au midi.

14e Damien Philippe *Rocha*, brassier, a une espace de terre où il y a une maison, borné, au midi, par le chemin royal.

Ces diverses connaissances sont rédigées à peu près dans les mêmes termes que celle de Saturnin Sentenach. Elles ont été abrégées, la formule uniforme : « situé au lieu du Tech et dans la paroisse de Ste-Cécile de Cos.... etc. » a été supprimée. La répétition de cette formule eût été inutile et ennuyeuse.

Un capbreu de l'an 1678 mentionne vingt-une maisons. Il suffira de citer les noms de leurs propriétaires.

1e Michel Trescases, habitant au territoire de Cos et à la paroisse de Ste-Cécile de Cos.

2e Etienne Rondoni.

3e Jean Pierre Roca, brassier.

4e Emmanuel Gineste, négociant.

5ᵉ Joseph Rovira, brassier.

6ᵉ Dominique Sajaloli, brassier.

7ᵉ Laurent Vial, brassier.

8ᵉ Raphaëlle Nouell, veuve de Martin Nouell.

9ᵉ Ilyacinthe Montis, forgeron.

10ᵉ Pierre Lloanci.

11ᵉ Joseph Sentenach, forgeron.

12ᵉ Jean Pierre Escriva, brassier.

13ᵉ Jean Escriva, brassier.

14ᵉ Joseph Rigaill, tailleur.

15ᵉ Joseph Lloanci, brassier.

16ᵉ Michel Coïmat, brassier.

17ᵉ Silvain Sentenach, brassier.

18ᵉ Jean Desclausa, brassier.

19ᵉ Sauveur Coïmat, brassier.

20ᵉ Marie Anne Vial, veuve.

21ᵉ Bernard *Casademunt*, tailleur.

Faut-il passer sous silence le moulin qui est tout à fait au fond de la rue d'amont, à quelques pas du pont de Banat ? Ne mérite-t-il pas une mention particulière à cause de son antiquité ? Ce moulin fut construit par Guillem Nohell, en vertu d'une autorisation de Jacques Orelles, bourgeois de la ville de Perpignan et procureur de l'invincible Philippe, roi d'Aragon, en date du 17 novembre 1582. Il fut édifié sur l'emplacement d'un martinet en ruines, qui s'appelait dans l'antiquité « lo martinet de Barrabam. » Situé sur la rivière de Banat et près du pont du voisinage du Tech, il confrontait, d'orient, avec terres de la portion de Sentenach, qui furent de la métairie de Sainte-Cécile de Cos, torrent ou ruisseau au milieu ; du midi, avec la rivière de Banat ; d'occident et de septentrion, avec terres de dite portion de Sentenach.

L'acte de concession porte aussi que le moulin était dans le territoire de Prats-de-Mollo et dans la paroisse de Montferrer. Ce moulin appartient aujourd'hui au sieur François Deltrull à qui Dieu daigne accorder une heureuse prospérité.

II.

L'intérieur du village.

Il y a, dans ce quartier, un groupe de maisons, l'église paroissiale, le cimetière et la place publique.

Tandis que les habitants du Tech, établis à la rue d'Amont, faisaient partie de la paroisse de Sainte-Cécile de Cos et se trouvaient placés dans la directe seigneurie du curé de cette paroisse, ceux qui demeuraient en face, le long du chemin royal, sur la rive droite de la rivière de Banat, dépendaient d'une autre juridiction. En effet, Alart raconte quelque part que « le 31 août 1559 les syndics de l'église de Prats-de-Mollo reconnaissent avoir enseveli, par erreur, dans le cimetière de Prats-de-Mollo le cadavre d'un étranger mort dans la maison de Bernard Vial. Cette maison était située sur les bords du Tech et sur la voie publique qui va d'Arles à Prats-de-Mollo. Ils reconnaissent aussi que la maison de Bernard Vial, les cinq maisons contiguës à celle-ci, quoique situées dans le territoire de Prats-de-Mollo, sont soumises cependant à la juridiction du curé de l'église de Montferrer. » Il ne s'agit ici que d'une juridiction purement spirituelle.

Cette partie de village avait progressé en 1619. Elle

comprenait à cette époque douze maisons qui relevaient du seigneur du château de la Maso. Ces renseignements sont fournis par un capbreu ainsi intitulé :
« Capbreu de la maison et des terres du château de la Maso dans le territoire de Prats-de-Mollo — 16 novembre 1649.

L'aîné Jean Michel Lana y Cella, seigneur du château et de la force de la Maso. »

De ce capbreu a été extrait ce qui suit :

« 1º François Gineste, muletier du Tech, et Marguerite Anne son épouse confessent posséder dans la seigneurie de l'aîné Lana et Cella une maison et un jardin contigus, confrontant, de l'orient, avec tenance de Llorensa Vigo veuve, sa belle-mère ; du midi, avec le chemin qui va de la maison de Guillaume Vial à l'autre chemin qui va à la rue d'aval ; du couchant, avec Jean Antoine Vial ; de septentrion, avec le chemin qui va du pont à l'église.

Fa senyoria al senyor de la Maso ab sagrament y homenatge.

« 2º Michel Escriva, du Tech, a dans la seigneurie *del Pubill* Lana et Cella un jardin et une maison contigus qui furent dépendance de la métairie de la Sala. Ils confinent, d'orient, au chemin qui va d'Arles à Prats-de-Mollo. Cette maison lui appartient en vertu d'une donation à lui faite par Marguerite Escriva sa mère. Celle-ci l'avait héritée d'Eulalie de la Casa, veuve de Michel de la Casa, son aïeule.

Eulalie de la Casa l'avait achetée à Pierre Sorts, propriétaire de la métairie de la Sala, le 16 mars 1589 — Guanter notaire.

Marguerite de la Casa et Escriva en fit la reconnaissance au magnifique Cella seigneur du château de la Maso le 1er avril 1602.

« 3º Jean Casademunt et Juste son épouse, fille de

Bélueira maçon du Tech, reconnaissent une maison et un jardin contigus et bornés, au septentrion, par le chemin d'Arles à Prats-de-Mollo.

« 4° Jean Antoine Vial, du Tech, possède une maison et au jardin confrontant, du midi, avec le chemin qui va de l'*hostal* de Blaise Vial, au lieu du Tech, et du midi avec un autre chemin qui va de l'extrémité du pont de Banat à l'église du Tech.

« 5° Jean *Defontdecave*, brassier, déclare avoir une maison dont les bornes ne sont pas indiquées.

« 6' Une maison appartient à Jean Panicot. Elle confine, du midi, à la rivière du Tech et, de septentrion, au chemin qui va de la maison de Blaise Vial à l'église.

« 7° Jean Pierre *de Casadamont*, tailleur du Tech, possède une maison confrontant au chemin qui va de la maison de Julitte Vial à l'église.

« 8° Jean Vial aîné a une maison et un jardin contigus et ayant pour limites, à l'orient, tenance d'Antoine Gineste et l'église, au midi, le cimetière de l'église, chemin au milieu, et partie de tenance de Jacques Sajaloli, dit chemin au milieu ; au couchant, le chemin royal et le pont de Banat ; au septentrion, la rivière de Banat. Ils étaient dépendance de la métairie de la Sala.

« 9° Sauveur Vial, serrurier, fils et héritier de Bernard Vial serrurier, possède une maison dont le sol fut acheté par son père à Pierre Sorts le 29 juin 1583. C'est encore une dépendance de la métairie de la Sala. Elle est bornée, au nord, par le chemin d'Arles à Prats-de-Mollo.

« 10° Une maison sise sur le chemin royal appartient à Guillaume Vial, serrurier du Tech.

« 11° Antoine Gineste, *clavataire du Tech*, possède un *martinet de clous.* Il confronte, d'orient, avec la rivière de Banat ; du midi, avec celle du Tech ; du couchant, avec tenance de Jean Vial ; de septentrion avec le ruisseau du Tech.

Son père l'avait acheté à Pierre Palestraga *clavataire* en 1602. Ce martinet existait déjà en 1393. *Fou stabilit* à cette époque par Arnau de Palmarola. Dalmau Simon notaire.

« 12° Sauveur Vial et Jean Panicot, administrateurs de la cure et de l'église de N.-D. du Tech, reconnaissent, en cette qualité, *jaire et fournir* la seigneurie au seigneur du château de la Moso, toutes les fois qu'on change de recteur.

On paie chaque fois le droit accoutumé conformément aux titres pour église, maison et cimetière. Le sol était aussi dépendance de la métairie de la Sala. »

S'il faut ajouter foi à la parole des anciens, la place publique, pendant longtemps, se serait composée de l'emplacement de la route ancienne. La commune aurait acheté un ou deux jardins d'à côté et elle en aurait agrandi d'autant la place publique.

Le Tech une fois entré dans la voie du progrès ne devait plus s'arrêter en si bon chemin. Non content d'avoir élevé en face de la place et à côté du vieux pont de Banat un groupe scolaire, il se propose, si ce n'est déjà fait, de relier les deux ponts par un immense champ foiral, car le Tech, tout le monde le sait, a été doté d'une foire. Elle se tient, chaque année, le troisième dimanche de novembre. Elle semble destinée, à cause du point central que le village du Tech occupe dans la contrée, à éclipser ses voisines.

III.

La rue d'Aval.

On appelle ainsi la partie du village qui est située sur la rive droite de la rivière du Tech. Les actes publics, rédigés en français, lui donnent le nom de rue d'Aval, de place ou de chemin de Serralongue. En des temps plus anciens, d'après d'autres actes écrits en latin, elle s'appelait « les forges du Tech. »

Un acte daté de 1586 compte au nombre des témoins un prêtre, ayant nom Michel Nadal et habitant aux forges du Tech — *habitatore in farguis del Tech.* — Dans un autre acte de 1582 il est dit que Guillem Nohell a acheté un martinet en ruines à Michel Talrich de la ville de Prats-de-Mollo et à Jean de la Cambra habitant au lieu et au territoire des forges du Tech, curateurs et tuteurs des pupilles de feu Pierre de la Cambra, habitant aux forges du Tech.

Serait-il téméraire d'avancer que la rue d'aval a été le berceau de ce village? Cette opinion ne me paraîtrait pas hasardée en présence des documents qui y voient la place publique. Un acte de 1763 parle d'une maison située sur la rive droite du Tech, près de la place.

Beaucoup de maisons qui existaient alors, ont disparu aujourd'hui. Est-ce par suite de quelque inondation ou de vétusté ?

Quelles aient été emportées par un débordement de la rivière, ce n'est pas impossible ; qu'elles soient tombées par un effet des ravages du temps, c'est aussi vraisemblable. Lorsque la forge cessa de fonctionner, les familles à qui elle avait fourni jusque-là les ressources nécessaires à la vie, seront allées tenter fortune ailleurs. Que faire d'habitations désertes et grevées d'obligations ? N'était-il pas avantageux de les laisser disparaître ? De beaux jardins ont remplacé la forge et les maisons qui l'entouraient.

Quatre d'elles subsistent encore : elles viennent d'être restaurées. Faut-il voir là, pour ce coin de terre jadis si plein de mouvement et de vie, le présage d'un meilleur avenir ? Une usine n'y serait point déplacée !

La rue d'Aval était territoire et paroisse de Prats-de-Mollo. Elle était aussi dans la directe seigneurie du seigneur de la Maso. La preuve en est dans un acte dont voici à peu près la teneur :

« Guillem de Casadamont, habitant au territoire de Prats-de-Mollo, et .*. son épouse fille et héritière universelle de la dame Eulalie de Casadamont, vendirent à Llobéra Antoine *pagés* et habitant aux forges du Tech, territoire et paroisse de Prats, une pièce de terre qu'ils possèdent dans le territoire et dans la paroisse de Prats, au lieu appelé *lo bas del Tech*. Elle confronte, d'orient, avec la fontorba et les appartenances de Casadamont ; du midi, avec les terres de la *Llobéra* de Serralongue, d'occident, avec les terres et le cortal *d'en Roig*, du nord, avec le fleuve du Tech.

Saufs toujours le droit et le directe domaine qui appartiennent à magnifique Sébastien Cella seigneur du château de la Maso près de la ville de Prats-de-Mollo.

Sauf aussi le droit dû au roi d'Aragon ou à ceux qui en tiennent la place, c'est-à-dire aux saintes Juste et Ruffine de Prats.

Témoins de la minute : vénérable Bernard Pujol

prêtre, honorable Gaudérique Andreu baile royal, Jean Guanter prêtre et notaire public. 1547. »

Une passerelle en fer relie depuis peu de temps la rue d'Aval à l'intérieur du village.

De progrès en progrès !

IV.

L'église.

Tous ceux qui ont visité l'église paroissiale du Tech, ont pu lire le millésime 1764 gravé sur la pierre qui servait de linteau à la porte d'entrée. Est-ce la date de sa fondation ? Ce serait une erreur que de le croire. Les documents lui attribuent une origine plus ancienne. Une explication est donc ici nécessaire.

Un jour, au dire de certains habitants du Tech, qui tenaient ce renseignement de leurs pères, une inondation désastreuse survint dans la contrée. La rivière de Banat grossie démesurément sortit de son lit et vint se joindre à celle du Tech, en passant devant l'église du village. Le mur où se trouve la porte d'entrée fut miné par les eaux et s'écroula.

Il est permis de croire, sans crainte d'être taxé de témérité, que cet événement s'accomplit en l'année 1763. Cette année-là, en effet, d'après une note de M. l'abbé Joseph Deltrull trouvée dans ses papiers de famille, une inondation ruina quelques maisons du hameau de Banat.

Et Jean de Gazanyola, dans son histoire du Roussillon, mentionne des crues d'eau dans le mois d'octobre 1763. Le Tech, dit-il, fit d'immenses ravages dans le Haut-Vallespir. Dès lors s'explique le millésime 1764. Il désigne l'année où l'église du Tech fut restaurée.

(1) Un document découvert après que cette explica-

(1) Nota que lo any 1762 començà, als ultims dies de novembre, a caurer un gran diluvi d'aygua y continua fins als 10 décembre que caygué un altre diluvi. Y acabat de plourer, començà una gran bruma baixa, espessa y humida que continua fins als primers de fabrer 1763, loque a continuat apres en molta frequent pluja que occasiona molta herbe a los esplets ab una molt pobra anyada. Pero, a la primavera, molt a bona hora, mols trons y pedregadas, en differens endrets de la provincia, causaren molts danys, augmentant molt mes una pobra anyada.....

Als 15 octobre de dit any començarent unas plujas de llevant y en 24 horas lo diluvi fou espantable en tota la provincia. Començant mes amont de Prats-de-Mollo, exirent de la terra deu *(sic)* veus d'aygua com lo cos d'un home en differents endrets, causant uns danys immensos en tot lo Tech. Sent mana dita copia d'aygua algunas casas, 12 personas... molts molins, 2 fargas, la del pont nou d'Arles y la de *Lasemas* tot-afet arruinadas, tot fou perdut.

La de Manyacas fou també en gran partida arruinada. No a restat finalement des de Prats-de-Mollo en dit diluvi casi ningun prat, ni terras treballables, camps, arbres de tota especiu, *la maytat de la Iglesia del Tech y tot lo cementeri* partiren aygua avall.

Los diluvis reprengueren lur furor als 28 octobre, uns llebans forts tornarent y, en un a nit y un die, com tot era ja amarat d'aygua, causaren danys immensos en las terras, camps y vinyas, tot resta desfigurat. Pero lo 29 de dit mes que fou lo endema disapte à la tarda, se forma un temporal de trons y llams que aparexia ser arrivada la fi des segles. En est poble Saint-Marçal y Taulis restarent las terras casi sine figura y arruinadas per molts anys. Dit die, arruina los molins que eran restats a lo primer diluvi y a lo seguent. La gent de tots costats, aspantats y ab cara casi de difunts començarent implorar ab grans llantos y plors y pregarias la misericordia de Deu nostre Senyor que se manifestaba ofensada en ditas occasions. Tant fervorosas forent ditas pregarias que lo Senyor atorga un temps seré y un gran sol de tots Sants ança, que continua vuy die per la misericordia divina a la qual gracias eternalament sian dadas.

Fet a Taillet als 17 janer 1764.

JAUMA SOLA prebere y vicari resident à Taillet.

tion eut paru dans l'*Alliance* prouve qu'elle est tout à fait conforme à la vérité. En effet, M. l'abbé Jacques Sola raconte, en langue catalane, les ravages causés par les eaux débordées du Tech et il dit en propres termes que le cimetière et la moitié de l'église du village du Tech furent emportés au mois d'octobre de l'an 1763.

Lorsque paraîtront ces lignes, les travaux d'embellissement projetés depuis quelques années auront déjà reçu leur exécution : la voûte se sera un peu plus rapprochée du Ciel, un magnifique autel en marbre ornera le sanctuaire agrandi, une lumière plus abondante pénétrera dans la nef à travers de riches vitraux, les paroissiens du Tech seront dans la joie d'avoir enfin une jolie église.

Mais que sera devenue la pierre portant le millésime 1764 ? Hélas ! tout s'use, tout change en ce monde et rien que Dieu n'est permanent !

Quand a été construite l'église du Tech ? Il ne serait pas aisé de répondre exactement à cette question. Ce qui est certain, hors de doute, c'est qu'elle voyait le jour en 1582. Le 2 septembre de l'an 1582, deux jardins confinant, du midi, au cimetière de l'église ; d'occident, au pont de Banat et au canal du martinet, furent vendus par Jean Ribera à Jean Tarrauba.

Rien, au point de vue archéologique, ne paraît attirer l'attention, si ce n'est, peut-être, les retables du Maître-Autel et de la chapelle de Saint-Sébastien. On remarque sur ce dernier des peintures représentant les principales scènes du martyre du Saint, assez appréciées par les connaisseurs.

L'église du Tech fut-elle réellement pillée à l'époque de la Révolution ? Il faut le demander à M. l'abbé Joseph Deltrull. Ce prêtre, originaire de Banat, est pieusement décédé en 1885, à l'âge de 74 ans, dans la paroisse du Tech où il avait été curé. Mieux que personne, parconséquent, il est à même de nous renseigner sur ce qui s'est passé dans ce village pendant la tourmente révolutionnaire. C'est lui-même qui nous apprend que « cette église se trouvant dans le village où est le chemin d'Arles à Prats-de-Mollo, fut dévastée lors de la Révolution. On alla jusqu'à s'en servir pour des choses profanes. Cloche, autels, tout fut détruit. J'ai vu des restes des pierres sacrées qui furent cassées à cette occasion. Les images saintes furent brûlées à quelques pas de l'église.

Tout cela m'a été raconté par un témoin oculaire de ces horribles forfaits. »

V.

Paroisse du Tech.

Que faut-il entendre par paroisse ? Une paroisse, « c'est un territoire plus ou moins étendu dont tous les habitants sont soumis, pour le spirituel, à la conduite d'un curé. »

Le Tech était-il paroisse avant la Révolution ? Que peut-on en penser ? Laissons parler les documents.

Les documents, un génie, peut-être, les dédaigne-t-il ; hélas ! moi, j'aime à m'y appuyer comme un enfant sur le bras de sa mère, de crainte de tomber..... dans l'illusion, en écrivant l'histoire.

Si nous consultons le capbreu du château de la Maso, il nous répondra que Sauveur Vial et Jean Panicot administraient en 1649 la *rectoria*, et l'église du Tech et qu'en leur qualité d'administrateurs, ils avaient des droits à acquitter envers le seigneur de la Maso pour le presbytère, l'église et le cimetière.

L'église du Tech avait des registres où étaient inscrits les actes de baptême, de mariage et de sépulture. Le plus ancien de ces registres, à ma connaissance, est de 1693. L'abbé Joseph Parès, en signant, accompagne son nom de ces mots : « prebere y corat ou rector del Tech. »

De ces documents il résulte qu'à une époque assez reculée il y avait au Tech une église où certains habitants étaient admis à remplir les devoirs paroissiaux, un cimetière où il leur serait permis de dormir le dernier sommeil, une maison destinée au logement du prêtre qui desservait l'église du Tech.

Mais le Tech a-t-il jamais été dûment érigé en paroisse avant la révolution française ? Le prêtre qui habitait dans ce village a-t-il jamais été curé dans le sens vrai du mot ? Il est permis d'en douter.

Ce prêtre recevait une indemnité des habitants du Tech, tandis que la dîme et la prémice continuaient à être perçues par les curés des paroisses limitrophes qui contribuaient à former le village du Tech. Ceci explique pourquoi ce village se trouvait souvent privé de la présence d'un prêtre. Celui-ci disparaissait sitôt que se présentait l'occasion de se mieux colloquer ailleurs.

Dans son testament en date du 2 août 1714, Guillaume Vial, habitant au lieu du Tech, déclare vouloir être enterré dans le cimetière de la paroisse du Tech après les cérémonies d'usage faites dans l'église de cette paroisse avec l'assistance de neuf prêtres. De plus, il veut qu'après sa mort trente messes basses soient célébrées pour le repos de son âme dans la dite église, *supposé qu'il y ait un résident*. Il est donc

vrai que la résidence presbytérale subissait des inter-
mittences plus ou moins prolongées.

Les habitants du Tech souffraient avec peine cette
situation et ils travaillaient à y remédier. Leur syndic adressa à M. Philbert Orry la supplique suivante :

« Supplie le sieur Jean Deutaner, pagés et syndic
du lieu du Tech, disant que n'ayant aucun prêtre ou
curé perpétuel au dit lieu, il arriva que plusieurs ma-
lades mouraient sans se confesser, et plusieurs enfants
sans baptême. Cela obligea le suppliant à intenter un
procès contre les condécimateurs aux fins d'avoir la
portion congrue et il obtint sentence en sa faveur à
la viguerie.....

Les condécimateurs ayant fait appel, le suppliant a
mis le procès en état d'être jugé, en sorte qu'il faut
deux cents francs pour les pièces et extrait de l'arrêt...

A ces causes, plaise à vos grâces, Monseigneur per-
mettra au suppliant de faire une répartition sur la
communauté du lieu du Tech, afin de lever le dit
arrêt... »

L'autorisation arriva, mais un peu tard, le 11 mars
1730.

Le jugement en appel a-t-il eu lieu ? En faveur de
qui a-t-il été rendu ?

Chose curieuse et remarquable, vers cette même
époque, — avant l'année 1722 — les voisinages de la
Llau et de Banat écrivaient à l'évêque d'Elne, par
l'intermédiaire de François Deltrull, pour demander
a être rattachés à la paroisse du Tech. Deux raisons,
disaient-ils, militent en faveur de notre demande : 1°
la proximité de la cure du Tech, qui nous facilitera
la réception des sacrements : 2° une augmentation de
traitement qui assurera la résidence du curé.

Il n'y a pas de prêtre dans cette paroisse depuis un
an. Aussi est-il arrivé que des personnes sont mortes

sans avoir reçu les secours de la religion. On ne trouve pas de curé parce que la rente est insuffisante.

Enfin, les habitants de Banat et de la Llau demandaient la permission de bâtir dans leur voisinage une chapelle sous l'invocation de St-François sans préjudice pour le curé du Tech. Au contraire, cette chapelle dépendrait de l'église paroissiale de ce village et le curé du Tech aurait l'obligation d'y venir, le matin, célébrer la sainte messe, tous les quinze jours, comme fait M. le curé de Montferrer à Léca.

Vingt ans s'étaient écoulés et la situation n'était pas changée. Une nouvelle pétition fut envoyée à l'autorité ecclésiastique. La voici textuellement, car elle éclaire d'une clarté très puissante la question qui nous occupe :

« Supplie humblement Joseph Casadamont en sa qualité de syndic des habitants du Tech, et vous représente que ce village est composé de quarante cinq maisons, habitées par tout autant de familles qui sont environ deux cents personnes de communion, sans compter les enfants qui sont encore en grand nombre. Il y a dans ce village une église assez grande pour contenir ce peuple, et une maison destinée au logement d'un prêtre.

« Ce peuple, depuis longtemps, est sans pasteur. Il est servi quelques fois par des prêtres amovibles qui l'abandonnent, dès qu'ils trouvent à se placer.

« Ce village est bâti aux confins de trois territoires différents et il n'a pas de territoire qui lui soit propre. Partie de ce village est à l'extrémité du territoire de Prats-de-Mollo ; une autre partie au territoire d'Arles dans le décimaire de Sainte-Cécile de Cos, dépendant de la paroisse de Saint-Etienne d'Arles ; une autre partie au territoire de Montferrer.

« La ville d'Arles où le curé de Saint-Etienne réside,

est éloigné du Tech de trois bonnes heures par un chemin de montagne ; la ville de Prats où les curés de cette ville tiennent leur résidence est éloignée de ce même village d'une lieue et demie. Le chemin est aussi difficile.

« Le village de Montferrer où habite le curé est éloigné du Tech d'une heure et quart. Le chemin est très mauvais.

« De plus, comme ce village est sur la montagne, il est sujet à de grosses neiges pendant l'hiver, ce qui arrive plusieurs fois tous les ans.

« Le seul éloignement de la ville d'Arles est un motif plus que suffisant pour séparer de la paroisse de Saint-Etienne la partie du village du Tech, qui en dépend.

« Montferrer est moins éloigné, mais un ravin coupe le sentier et le rend impraticable une partie de l'année. C'est là aussi une raison suffisante pour en ordonner la séparation.

« Le chemin de Prats est plus facile ; cependant, lorsque la neige tombe abondante, il n'est pas plus praticable que les autres. L'éloignement de cette ville assujettit la partie du village du Tech qui dépend de la paroisse de Prats-de-Mollo, à de funestes accidents. Si ce n'était la charité des prêtres de Serralongue, il ne mourrait personne muni des sacrements de l'église.

« Dans ces circonstances, le suppliant croit qu'il y a lieu d'ériger l'église du Tech en paroisse. Cela ne suffit pas. Toute paroisse doit avoir son territoire. Comme le lieu du Tech n'a pas de territoire, il est nécessaire, pour donner à cette paroisse un territoire, de lui en marquer un, prenant, pour cela, partie des paroisses voisines et surtout de celles d'Arles, de Prats-de-Mollo et de Montferrer.

« La forme de pareilles érections est que le Supé-

rieur ecclésiastique, après avoir visité les lieux et
et avoir pris une sommaire information des faits qui
rendent l'accès des curés difficile ou impossible en
certains temps de l'année, et dressé un procès-verbal
en présence des parties intéressées, il rend ensuite
une ordonnance érigeant l'église en paroisse et y ins-
tituant un curé, en marquant les limites, après quoi
le curé s'adresse devant qui il appartient aux fins
d'obtenir contre qui il est fondé, la congrue sustenta-
tion que les ordonnances lui donnent.

« Il vous aurait plû, il y a plus d'un an, de nous
donner un prêtre qui s'est retiré pour ne plus revenir
depuis le 13 de ce mois, en sorte que les habitants du
Tech demeurent sans messe et sans consolation.

« Les prêtres de Prats sont venus dire la messe les
jours de fête et de dimanche, à l'église du Tech,
moyennant une rétribution suffisante. Il est bien juste
que ce peuple ait cette consolation dans un temps où
la récolte courante des fruits ne lui permet pas de
s'écarter, de crainte de perdre en un matin le fruit
des travaux de toute une année.

L'autorité ecclésiastique répondit à cette pétition
par l'ordonnance suivante : « Vû la requête ci-dessus,
nous ordonnons qu'il sera procédé à la visite de
l'église du Tech et des environs. Cette visite sera
faite par l'illustre et T. révérend Paul de Langlade
chanoine, vicaire général, un de nous, le 13ᵉ jour du
mois d'août prochain.

« Néanmoins, attendu l'urgence du cas, ordonnons
aux sieurs syndics de la communauté des prêtres de
Prats-de-Mollo de nous présenter incessamment un
des prêtres de leur communauté, qui se charge d'ad-
ministrer les sacrements et de dire la messe les jours
de fête et de dimanche à l'église du Tech, moyennant

une rétribution honnête dont il conviendra avec les paroissiens.

« Ordonnons aux suppliants d'appeler à la dite visite les sieurs curés de Prats-de-Mollo, de Saint-Etienne d'Arles et de Montferrer.

« Donné à Perpignan, dans le palais épiscopal, le 28 juillet 1753.

« Signé : L'ANGLADE vicaire général.

DESPRÉS vicaire général

M. le troisième vicaire général absent.

Par mes dits sieurs vicaires généraux :

VERMELL prêtre sacristain. »

Cette ordonnance fut notifiée au T. R. Guillaume de *Macia* prêtre et curé de Montferrer le 2 août 1753, ainsi qu'il conste par un procès-verbal d'assignation accompagnant la pétition et l'ordonnance qui précèdent.

Ainsi voyons-nous les habitants du Tech lutter, depuis bien longtemps, avec une tenacité vraiment étonnante, pour faire ériger leur église en paroisse et assurer la résidence d'un prêtre au milieu d'eux. N'y a-t-il pas lieu de se demander si cette situation ne s'est pas continuée jusqu'à la Révolution française ?

C'est sous le règne de Charles X que les habitants du Tech auront eu le bonheur de voir leurs désirs enfin réalisés.

L'église du Tech a la gloire de posséder dans ses archives les ordonnances royale et épiscopale, qui l'érigent en succursale.

Les voici, *ad perpetuam rei memoriam :*

I. — « CHARLES, par la grâce de Dieu, roi de France et de Navarre, à tous ceux que ces présentes verront, salut.

Nous avons ordonné et ordonnons ce qui suit :

Article premier. — L'église du Tech, avec les hameaux de Bramat, (1) Saint-Guillem et Sainte-Cécile, est érigée en succursale.

Donné à notre château des Tuileries le vingt-septième d'avril, l'an de grâce mil huit cent vingt-six, et de notre règne le second.

Signé : CHARLES.
Par le roi ; le ministre,
Signé : ✝ D. Ev. d'Hermopolis. »

II. — « Jean François de Saunach Belcastel, par la miséricorde divine et la grâce du Saint-Siège apostolique, évêque de Perpignan,

Vu l'ordonnance royale du 27 avril 1826, portant érection, au civil, de l'église du Tech, en succursale, nous avons érigé et érigeons, au spirituel, la même église en succursale, voulant que la dite ordonnance soit exécutée selon la forme et teneur.

Donné à Perpignan, en notre palais épiscopal, sous notre seing, le sceau de nos armes, le 3 septembre 1826.

✝ Jean François Evêque de Perpignan.

VI.

Noms des prêtres

qui se sont montrés, à un titre quelconque,
dans l'église du Tech.

1. Joseph Parès, prebere y corat del Tech, 1693-1701.
2. R. P. Barthélemy d'*Alciat* ou *Dulcat*, 1714.

---

(1) Il faut lire : Banat.

3. **Roca,** curé du Tech, 21 juin 1740.

4. Gabriel Font, prêtre et curé du Tech, 1746.

5. Jean *Mathieu*, 1755.

6. Sobraqués, prêtre desservant du Tech, 1771-1772.

7. Jean de la Trinxaria, desservant du Tech, 1772-1773.

8. Puig, idem, 1773-1775.

9. Sobraqués, idem, 1775-1779.

10. Rondony, prêtre bénéficier et économe de l'église de Prats-de-Mollo, en l'absence de **M.** Jean de la Trinxaria prêtre et curé du Tech.

11. E. de la Trinxaria, prêtre bénéficier de Prats-de-Mollo, en l'absence de Jean de la Trinxaria prêtre et curé du Tech, 1779-1780.

12. Trilles, desservant du Tech, 1780-1782.

13. Faure, desservant, 1782.

14. Jean Talrich y Llense, desservant du Tech, 1782.

15. Trilles, 12 octobre 1782.

16. Faure, prêtre.

17. E. Trillas, desservant du Tech, 1789.

Cette liste a été dressée d'après les anciens registres de l'église du Tech, déposés à la mairie de Prats-de-Mollo lors de la révolution. Elle peut n'être pas complète, puisque la collection des registres paraît incomplète elle-même.

Il est des **prêtres** dont les noms sont révélés **par** des documents particuliers.

Qu'ils reposent en paix dans le Seigneur !

VII.

Le curé du Tech
pendant la Révolution.

M. l'abbé Emmanuel Trillas desservait la paroisse
du Tech au moment où la Révolution se disposait à
bouleverser de fond en comble la France et ses insti-
tutions séculaires, ce royaume si beau et si glorieux
de Clovis, de Charlemagne et de Saint-Louis.

Il fut appelé, en même temps que les ecclésiastiques
attachés au ministère paroissial de Prats-de-Mollo, à
prêter le serment de la Constitution civile du clergé
dans l'église paroissiale de cette ville, à l'issue de la
grand'messe, en présence des fidèles et du Conseil
général de la Commune, le 13 février 1791. Il s'ex-
prima en ces termes : « Je Emmanuel Trillas, prêtre
desservant du Tech, déclare, sans vouloir porter
atteinte à la religion catholique apostolique et romaine
que je professe et dans laquelle je veux mourir, que
je jure de veiller avec soin sur les fidèles de la paroisse
qui m'est confiée, d'être fidèle à la nation, à la loi et
au roi, et de maintenir de tout mon pouvoir la constitution décrétée par l'Assemblée Nationale et accep-
tée par le roi. »

Deux mois après, M. l'abbé Trillas rétracta ce serment. « Je ne puis me dispenser, écrivait-il à M.
Pascot, procureur de la Commune de Prats-de-Mollo,
de rétracter le dit serment et je déclare que mon in-
tention a été et sera toujours, Dieu aidant, de demeurer
attaché à la foi catholique apostolique et romaine et

à mes supérieurs spirituels dans l'ordre hiérarchique, comme aussi d'être toujours fidèle à la nation, à la loi, et au roi, et de maintenir de tout mon pouvoir la constitution de l'Etat en ce qui regarde le temporel. »

En présence de cette rétractation n'y-a-t-il pas quelque intérêt à se demander : Quel sort a-t-il été réservé à M. l'abbé Trillas ? Sans doute il n'existe pas ce document qui prouve d'une manière certaine que ce prêtre ait été contraint de s'exiler en conformité de la loi du 26 août 1792. Cependant, jusqu'à preuve du contraire, on peut croire sans témérité qu'il n'a pas été plus heureux ni plus privilégié que ses confrères fidèles à leur conscience, et qu'il a dû quitter le Tech et se réfugier sur la terre étrangère.

Il a pu faire quelques apparitions, en cachette, mettant surtout à profit la présence des soldats espagnols, alors maîtres du Haut-Vallespir.

Un registre de 1794 renferme quatorze actes dont un seul est signé de M. l'abbé Trillas ; les autres sont l'œuvre d'un prêtre distingué, M. l'abbé Anglés qui, fuyant la persécution, se cachait, parait-il, chez la famille Parès, une des principales familles du Tech, aujourd'hui disparue.

L'an 1794 et le 1er janvier, M. l'abbé Anglés baptisa Joseph Sébastien-Jean, né le jour courant, fils légitime et naturel du sieur Sébastien Parés, pagés, et de Mme Elisabeth Serradell son épouse.

Les espagnols ne tardèrent pas à être contraints de repasser les Pyrénées. Les prêtres revenus de l'exil eurent de nouveau la douleur de franchir à la hâte la frontière, car se laisser prendre n'était pas chose souhaitable. M. l'abbé Trillas aura été du nombre.

Désormais des bandes armées sillonneront nos montagnes, se livrant à la chasse des prêtres insermentés et surveillant avec soin leurs allées et venues.

Alors l'abomination de la désolation pénétra dans le lieu saint, les anges du sanctuaire se voilèrent la face et dirent, en gémissant : « les voies de Sion pleurent, parce qu'il n'y a plus personne qui vienne à ses solennités ; les prêtres ne font que gémir, exilés sur la terre étrangère. »

« Jusques-à-quand, mon Dieu, laisserez-vous votre église plongée dans le deuil et la désolation ?

VIII.

A propos d'une tradition.

Il y a, près de la Llau, une toute petite chapelle abandonnée. On dit que les habitants d'un village et des hameaux environnants s'y réunissaient furtivement pour assister aux cérémonies religieuses.

Les chrétiens de la vallée du Tech seraient venus y chercher la vie spirituelle pendant les troubles de la Révolution.

On raconte que les *bigarrats* n'auraient jamais eu connaissance de cette mystérieuse cachette que la Providence divine couvrait de son égide tutélaire et que, quand l'orage fut dissipé, on constata avec étonnement que le Seigneur fut toujours dignement vénéré servi dans la vallée du Tech.

Que penser de cette tradition ?

Pour qu'elle fut vraisemblable, il faudrait pouvoir admettre deux choses : 1° une nombreuse assistance dans la dite chapelle ; 2° la continuation des cérémonies religieuses, en secret, à l'abri des *bigarrats*.

Tout esprit judicieux repousse le fait d'une nombreuse assistance devant l'exiguité de l'édifice. Cette chapelle qui est plutôt un oratoire semblable à tant d'autres que nos pieux ancêtres aimaient à placer le long des chemins publics, mesure : 1ᵐ74 de large sur 2ᵐ45 de long — 4ᵐ2630.

Otez l'espace de l'autel, et très-restreinte est la place réservée aux assistants. C'est à peine six dix personnes, en se pressant bien, pourraient y contenir. Dans ces conditions, quelles cérémonies pouvait-on y faire ?

Qu'on y ait béni des mariages, qu'on y ait baptisé, avant ou après la terreur, je veux bien l'admettre ; mais ce ne sont là que des faits particuliers, isolés, qu'on aurait tort de présenter comme une généralité. Ce serait tomber dans l'exagération que de dire : « Les habitants du Tech et des hameaux environnants se rendaient à la dite chapelle, furtivement, pour assister aux cérémonies religieuses, pour chercher la vie spirituelle pendant les troubles de la Révolution, sans même excepter l'époque sanglante.

Il n'est pas non plus admissible que les *bigarrats* aient ignoré l'existence de cette chapelle, puisqu'elle était placée sur le chemin qui conduisait à Saint-Guillaume de Combret.

En effet, les émissaires de la Révolution, pour se rendre du Tech à la Llau, devaient nécessairement passer devant cette chapelle, à moins de supposer un miracle.

Le chemin qui, actuellement, est à deux cents mètres à peu près au-dessus de la chapelle, n'existait pas du temps de la Révolution ; il est de beaucoup postérieur à ces temps troublés.

Le chemin, anciennement, à l'époque de la Révolution, passait à un ou deux mètres tout au plus au-dessous de la chapelle. Il se conserve encore aujourd'hui.

Donc pasteur et brebis se gardaient bien, certes, de se réunir dans cette chapelle pendant la tourmente révolutionnaire. C'eut été aller se jeter dans la gueule des loups.

Mais est-il bien vrai que les émissaires de la Révolution soient venus fouiller ce petit coin de terre enfoncé dans les montagnes ?

Cette objection est plus spécieuse que sérieuse. Ce n'est pas seulement d'aujourd'hui que la famille Sors se distingue par l'étendue de ses terres et plus encore par sa charité hospitalière. Elle doit à ses ancêtres ce qui fait présentement sa gloire. Elle était déjà une des plus honorables familles de la contrée avant la Révolution. Par conséquent les parages de la Llau, tout enfoncés qu'ils fussent dans les montagnes, loin d'être inconnus, ne manquaient pas d'être célèbres. Aussi étaient-ils désignés, bien plus que les pauvres paysans, à la haine et à la cupidité de ces bandes qui, dit-on, parcouraient la campagne, brûlant les images saintes qu'ils rencontraient sur leur passage, et rançonnant les pauvres paysans glacés d'épouvante.

La métairie de la Llau, soit dit en passant, est située non seulement sur le chemin du Tech à Saint-Guillaume, mais encore sur celui qui conduit de Montferrer à Prats-de-Mollo, assez fréquenté de nos jours, mais plus battu dans les temps anciens.

D'après une tradition de famille, les *bigarrats* seraient venus à la Llau avec mission d'arrêter un ci-devant prêtre qui s'y cachait. Ils le rencontrèrent habillé en berger et fabricant des cuillères de buis au milieu d'un bois de châtaigniers. Dieu permit qu'il ne fut pas reconnu.

Craignant de n'être pas aussi heureux dans une seconde rencontre, ce prêtre se décida à prendre le chemin de l'exil pour sauver sa vie et ne pas compromettre celle de ceux qui lui donnaient l'hospitalité. Qui était-il ? Qu'est-il devenu ? On ne le sait.

Pas plus tôt qu'en 1802, dans le registre des actes de baptême, de mariage et de sépulture, chacun peut constater que M. l'abbé Faure a donné la bénédiction nuptiale à des mariages célébrés depuis 4 ou 5 ans devant la municipalité de Prats-de-Mollo, les contractants n'ayant pas pu — à cause des circonstances du temps ou à cause de la persécution contre l'Eglise —se présenter à un prêtre légitimement député *ad hoc*.

Ces divers faits et témoignages donnent assez à comprendre que les choses ne se sont pas passées aussi bien que la tradition le suppose, et autorisent à affirmer que la Révolution a exercé ses ravages au Tech comme partout ailleurs.

En résumé, tout milite contre la tradition populaire : 1° la situation topographique de la chapelle ; 2° l'exiguité de cet édifice ; 3° la célébrité même des parages où elle se trouve. Je suis heureux de constater que l'ancien collaborateur de l'*Alliance* n'est pas seul à être de son avis : M. l'abbé Joseph Gibrat est tombé d'accord sur ce point avec lui.

La citation que je me permets, est empruntée de sa notice sur le village du Tech : « Cependant, l'église du Tech, se trouvant sur le chemin royal d'Arles à Prats-de-Mollo, subit tous les ravages de la Révolution, après la défaite des Espagnols.

Des hommes armés auxquels on donnait le nom de *bignrrats*, renouvelèrent les orgies, les actions sacrilèges des Iconoclastes, en détruisant les statues des Saints. Ces forcenés, dit-il, se permettaient de violer la demeure des particuliers, toujours à la recherche d'une image pieuse. On peut voir à l'ancienne maison Gineste, dans une belle niche, une statue de St-Antoine de Padoue en bois doré, de grandeur naturelle. Cet image vénérée échappa aux perquisitions des *bigarrats*, après avoir séjourné longtemps au jardin, au milieu de la paille dans un fossé profond.

Voulant ensuite lui épargner les effets de l'humidité, on la cacha dans un coffre en bois rempli de chiffons et de matières diverses. » Merci !

En voilà assez pour le village du Tech.

Parlons maintenant de Cos et de Ste-Cécile-de-Cos.

Lorsqu'on se rend du Tech à Montferrer par le chemin qui longe le flanc méridional de la montagne comprise entre ces deux villages, on remarque trois plateaux plus ou moins étendus l'un que l'autre. Ils paraissent servir de contrefort et de piédestal à la tour de *Montalé* ou de Cos, qui s'élançait jadis dans les airs.

Il y a sur le premier plateau une métairie appelée *lo Mas de la Font* ou de Sainte-Cécile ; la chapelle de Sainte-Cécile a été bâtie sur le second ; le troisième est le domaine de Cos.

I.

Cos.

Ainsi se nomme, depuis des siècles, une propriété de M. Michel Trescases. Ce nom désigne l'habitation du maître, la partie pour le tout, la partie la plus noble. On dit, en effet, communément : Je vais à Cos, pour dire : je vais à la métairie de M. Trescases. Cette

manière de parler n'existe pas seulement d'aujour-
d'hui, elle est antique. (1) Des documents anciens
font mention d'un sentier allant de Casademunt à Cos.

Une route carrossable relie depuis peu d'années
cette métairie au village du Tech. La partie qui l'avoi-
sine, est bordée de gracieux platanes. Leur ombrage
et une fontaine séculaire font de ce lieu une agréable
oasis où le voyageur, qu'il vienne du Tech ou de
Montferrer, aime à se reposer un instant. Ce qui aug-
mente la beauté et ajoute aux charmes de ce site,
c'est l'accueil cordial que l'on trouve toujours à Cos.

Cos est aussi un nom générique (2) qui désignait
une étendue de terre, un terroir formant le fief, l'al-
leu, le domaine de Cos. Il y aurait eu quelques maisons avec leurs terres respectives. Les familles qui
les exploitaient disparurent, et les maisons devenues
inutiles et à charge seront tombées en ruines. On ne

(1) Jo Fra Miquel Ros monjo y camarer del monastir de
Arles confes aver agut y rebut de vos Joan Miquel Trescases
pages de Cos que me aveu pagat sept sous los quals feu
quiscun any a la dita camararia de sensos per lo mas dit
de Cos y per la veritat fas la present albara de ma mia propria.

Vuy a 7 de maig 1602.

(2) 1° Jo Jauma Cramadells com a procurador de Jeronim
Cramadells mon fill beneficiat del benefici den Cavarc y
tambe tenint dret de M° Benet Guido tambe beneficiat del
dit benefici en dit nom dels dos confes tenir rebut de vos
Joan Miquel Trescases pages del terme de Cos sinc cortans
y mig de sivada y quatre sous en diners los quals feu quiscun any als dits beneficiats per indivis. Es veritat que me
aveu pagat per lo nadal mes prop passat. Albara per mans
den Abdon Guardia-Vuy als 25 de mars 1602.

2° Es veritat com jo Nicolau Arnal sastre de la vila de
Arles y procurador del venerable M° Benet Magria prevere
y beneficiat dels beneficis fundats per Joan Cavarch en lo
monastir de la mateixe vila de Arles en lo altar de S°-Tu-
burci et en lo altar de Santa-Catharina. Confes aver rebut
de vos senyerer Michael Figueras p ges del terme de Montferrer com a tudor y curador dels hereters de Jauma Trescases de Cos 4 mesuras y mija de sivada y 4 sous, los quals
feu quiscun any de censos en dit nom a dit beneficiat per la
masada de Cos 1592.

voit plus maintenant que la maison du maître et celle
des fermiers en face l'une de l'autre, ainsi que la métairie de la fouste occupée par des fermiers sur la rive
gauche du Tech.

II.

Origine du nom de Cos.

Ce nom peut tirer son origine de la nature du sol
ou d'un ancien propriétaire. D'abord, vient-il de la
nature du pays ? Ce n'est pas impossible. Cos est un
mot latin qui signifie pierre dure. Or, la contrée où
se trouve le domaine dont nous parlons, se compose
de granit et de calcaire. Le mont immense et escarpé
qui s'élève en forme de pyramide vers les cieux, n'a-
t-il pas suffi à lui donner ce nom ?

De plus, la métairie est construite sur la pierre
ferme. Dès lors n'est-il pas tout à fait rationnel de
supposer qu'elle a reçu son nom de la nature du sol
où elle s'est fixée ?

Ne serait-il pas aussi raisonnable de croire que le
nom de Cos lui a été laissé par un de ses propriétaires ?
Il faudrait, pour cela, prouver que cette métairie a
été possédée et habitée par un propriétaire, ayant
nom de Cos. Bérenger de Cos qui assista à la consécration de l'église de Sainte-Cécile, en était-il le propriétaire ? L'acte de la consécration semble l'indiquer ;
il dit, en effet, que l'église de Sainte-Cécile est dans
le domaine de Cos, in villa Cocii. Quoiqu'il en soit,
cette métairie était en possession de la famille de

Pierre de Cos en 1453. Il est donc plausible de penser que cette famille a donné son nom à la métairie ou au domaine de M. Trescases. Beaucoup de métairies, dans le Haut-Vallespir, portent le nom d'anciens propriétaires.

III.

Territoire et Bailliage de Cos.

Le territoire de Cos se révèle distinct et séparé de celui de Montferrer et de Prats-de-Mollo. Outre le domaine qui porte ce nom, il comprenait une partie de la métairie de *La Font*, *Puig-Rodon* par exemple.

On remarque, en effet, dans un testament de Joseph Deutaner en date du 20 juillet 1686, cette expression significative : « en la maison de *Puig-Rodon*, terroir de Cos, de l'Abbaye d'Arles. » Un acte du 28 janvier 1672 porte que Michel Trescases et Jean Pierre Trescases, père et fils, habitant au terroir de Cos, vendent à Sébastien Deutaner habitant au même terroir un certain espace de terre dans le terroir de Cos, contiguë à sa maison de *Puig-Rodon* qui est située dans le terroir de Cos, sauf le droit de l'Abbaye d'Arles au direct domaine.

Manyaques faisait aussi partie du territoire de Cos. Il est probable que l'eau-versant vers Prats-de-Mollo, existant entre la métairie de *La Font* et la chapelle de Sainte-Cécile, séparait le territoire de Cos de celui de Prats-de-Mollo. Son étendue était donc bien restreinte.

Le territoire de Cos avait un baile particulier.(1) En
ont rempli les fonctions Jean-Pierre Trescases en 1699,
Jacques Trescases en 1716, Joseph Trescases en 1770.

(1) « A Monsieur le baile du territoire de Cos. »
Perpignan 28 juin 1767. Je reçois au moment votre lettre
du 26, dans laquelle vous me faites part qu'une femme a
été trouvée noyée au moulin de Manyaques. Vous aurez
soin de la faire garder jusqu'à ce que la justice se sera rendue sur les lieux et vous aurez l'attention de me faire at-
tendre au chemin pour nous indiquer le lieu où vous avez
reposé le cadavre. B. Costa pro-du Roy de la viguerie.

« Arles als 21 décembre 1768. Rebo ab pena la trista nova
de la mort de vostre pare. No se quant temps avia que era
batlle per mirar si aviam passat acte de nominatio. Lo que
trobareu per ser dins sos papers ; y quant vindreu assi, nos
porem parlar del que se deura fer. Resto vostre servidor.
Lo monjo Anglada infirmer.

Convoqué et assemblé le conseil étroit de la ville d'Arles
sous la présidence de T-Illustre seigneur Gaillard de Chaudon, conseiller du roi au conseil souverain du Roussillon,
abbé de l'Abbaye de la ville d'Arles. Ont été présents : les
sieurs Joseph Julia batlle, Emmanuel Maler, Pierre Antoine
Merla, Joseph Escoffet consuls. Marc Blanch, Jean Baptiste
Darguines, Jean Galangau, Abdon Prats, Michel Sudrias,
François Moragas, Sébastien Cortinos, Jacques Jean Boix,
tous conseillers; étant la majorité, ils ont résolu et convenu
avec Jacques Trescases, batlle du terroir de Cos, avec
Etienne Deutaner et Jean Valls pagésés du dit terroir, que
d'aujourd'hui en avant les habitants et propriétaires du terroir de Cos se joignent aux habitants de la ville d'Arles,
ainsi qu'ils étaient unis dans le temps passé. Ils payeront
pour les taxes et les charges que la ville d'Arles sera obligée
de supporter pour le service du roi sur cent francs trois
francs, de manière que, quand la ville d'Arles sera tenue de
payer cent francs, les habitants du terroir de Cos, payeront
trois francs, à condition que le batlle et les autres habitants
de Cos, tant que durera la dite concorde, seront *franchs* et
auront la franchise du droit de corretatje de dite ville, comme les habitants d'Arles.

Cependant si les habitants du terroir de Cos viennent à
loger des gens de guerre, en même temps que la ville d'Arles, ils seront dispensés de leur côte-part, à cause des dé-
penses qu'ils devront faire pour le dit logement.

De plus, les consuls de la ville d'Arles seront tenus de
montrer au baile ou à d'autres habitants de Cos les ordres
des sommes taxées, afin qu'ils en aient une connaissance
véritable et exacte.

A déclaré ne pas savoir signer le dit Valls. Ont signé :
Gallard de Chaudon abbé d'Arles, Maler consul, Trescases
batlle de Cos, Etienne Deutaner, et pour les dits consuls et
conseillers Costa notaire et secrétaire. 20 septembre 1716.

Le bailliage parait avoir été l'apanage de la famille Trescases et s'être transmis de père à fils avec l'agrément de l'Abbaye d'Arles seigneur de Cos.

Cependant ce territoire s'était joint tantôt à Arles et tantôt à Prats-de-Mollo, suivant que l'une ou l'autre de ces alliances paraissait plus ou moins avantageuse à ses habitants. Le 20 septembre 1716 les habitants de Cos s'unirent à ceux d'Arles et ils s'engagèrent à payer trois francs sur cent francs qu'aurait à payer la ville d'Arles à cause des taxes et des charges imposées pour le service du roi. En retour, le baile et les autres habitants de Cos, pendant la durée de la convention, seraient *franchs* et auraient la franchise du droit de *corretatje* comme les habitants de la ville d'Arles.

Lorsque survint la Révolution, les propriétaires du territoire de Cos demandèrent au Directoire du Département des Pyrénées-Orientales de les rattacher au territoire de Prats-de-Mollo. Le Directoire, considérant que les propriétaires et citoyens actifs, domiciliés dans l'étendue du terroir de Cos, n'étaient pas en nombre suffisant pour former une municipalité particulière et que la contiguité des terroirs de Prats-de-Mollo et de Cos semblait en indiquer la réunion en une seule commune, ordonna la réunion du terroir de Cos à la municipalité de Prats-de-Mollo.

Il fut enjoint, en conséquence, aux officiers qui gouvernaient cette communauté, de veiller au maintien de l'ordre et de la police, à la sécurité des personnes et des propriétés dans le terroir de Cos comme dans celui de Prats-de-Mollo.

L'ordonnance rendue à ce sujet le 30 novembre 1790 est signée :

« Doms, vice-président, Siau, Ribes, Bertrand, Mathieu prêtre, Escanyé, Matheu Bou. »

Elle fut registrée à Prats-de-Mollo le 8 décembre 1790 par M. Guitard, secrétaire.

Enfin, le terroir de Cos se sépara de Prats-de-Mollo — en 1862 — pour contribuer à former une nouvelle commune, la commune du Tech.

Documents historiques.

Le meilleur moyen, ce me semble, de présenter l'historique de Cos, c'est de rapporter simplement les divers actes qui ont trait à ce pays et qui sont en la possession de M. Michel Trescases.

I. L'an 1453 et le 24 décembre Jean Adrer du territoire du château de Montferrer et de la paroisse de Sainte-Marie de Mollet, et Jean de Cos de la paroisse de Sainte-Cécile de Cos, tuteurs et curateurs donnés, par autorité du baile du terroir de Cos à la place de l'abbé du monastère d'Arles, aux enfants de feu Pierre Antoine de Cos, reconnaissent que les dits pupilles possèdent une métairie vulgairement appelée de Cos, située dans la paroisse de Sainte-Cécile avec toutes ses maisons, casals, cortals, vignes, jardins, davèses, prés, moulins, ruisseaux..... Elle confine, d'orient, à tenance d'un certain casal anciennement appelé la cabane de Manyaques ; du midi et d'occident à tenance de casa de Cos ; et, de septentrion, à tenance de l'Espinas de la paroisse de Sainte-Cécile de Cos.

Sur cette métairie, ainsi que sur ses terres et propriétés, vous, seigneur abbé, recevez et devez recevoir la directe seigneurie, le louisme et le foriscape, toutes les fois qu'elle est vendue ou aliénée.

Vous aussi, **seigneurs Aimé Albert et Bernard Monéra** prêtres, possédant les bénéfices fondés dans le monastère d'Arles, l'un à l'autel de Saint-Tiburce, l'autre à l'autel de Sainte-Catherine, recevez et devez recevoir entre vous deux, selon la coutume, chaque année à perpétuité, quarante sols, savoir : la moitié le jour de Noël, et l'autre moitié à la fête de Saint-Jean du mois de juin, ainsi que la tascha, deux parts de la dîme de tous les fruits, et une part de la dîme de *carnalage*, selon l'usage.

La troisième part de la dîme et la prémice de tous les fruits provenant des terres de dite métairie, et la troisième part de *carnalage* appartiennent au curé de Sainte-Cécile.

La fabrique de l'église de Sainte-Cécile a la coutume de recevoir deux *cortères* d'orge chaque année à perpétuité.

Considérant que les terres et appartenances de cette métairie, à cause de dites et autres servitudes, se sont dépeuplées et couvertes de bois, sont entièrement ruinées, qu'à ces conditions elles sont devenues inutiles et à charge, qu'il est plus avantageux de s'en défaire que de les garder, en parfaite connaissance de cause et de notre plein gré, en notre qualité de tuteurs, nous renonçons à la dite métairie et nous l'abandonnons à vous, révérend seigneur François, abbé de dit monastère, ainsi qu'à vous seigneurs Aimé Albert et Bernard Monéra prêtres bénéficiers ici présents, comme aussi à vos successeurs dans la dite Abbaye et dans les dits bénéfices, de manière, que vous ayez la propriété totale, intégrale, et le pouvoir d'en disposer à vos volontés, ne nous réservant rien ni pour nous ni pour nos successeurs à perpétuité.

De quoi a été passé un acte public au monastère les jour et an sus dits en présence des témoins : J.

Jacques Torrent moine de dit monastère et Jean Bonay serviteur de dit abbé et moi Antoine Masson notaire d'Arles.

II. Le 17 juin 1542, Antoine de Las Casas, habitant au terroir de Prats-de-Mollo et dans la paroisse de Montferrer, donna à l'honorable Benoît Tarroje, procureur fiscal dans les comtés de Roussillon et de Cerdagne, deux métairies appelées : l'une *lo mas de las Casas*, et l'autre *comas de Cors*, situées dans la paroisse de Sainte-Cécile et confrontant l'une à l'autre.

Il les avait achetées à Raymond Quéra et à ses fils Jean et François Quéra.

III. Benoît Tarroje, à son tour, vendit ces métairies à Bernard Boher, originaire du diocèse de Tarbes — royaume de France — habitant actuellement à la paroisse de Saint-Guillaume, terroir de la ville de Prats-de-Mollo, le 13 mai 1546.

IV. La famille Boher ne les garda pas longtemps. En effet, d'après un acte passé en l'étude de Mᵉ Jean *Frexinet* notaire d'Arles le 2 septembre 1548, Jean Boher et Bernard Boher, *ats Picotos*, frères, fils légitimes et naturels de Bernard Boher et de la dame Marguerite son épouse, vendirent ces métairies à Joanoto de Trescases, du lieu de *Ben*, de la vallée d'Osan, du diocèse de Loros, qui habitait dans la paroisse de Sainte-Cécile, au territoire de Cos.

En vous vendant ces deux métairies, situées au terroir de Cos demunt, nous ne voulons pas, observent les vendeurs, porter atteinte aux droits de directe seigneurie, de louisme et de foriscape que le vénérable frère Jean de Ballestar possède sur les métairies de *las Casas* de l'Espinas, de la *coma*, de la *font de Cors demunt y de l'Yalguer*, ainsi qu'aux censives accoutumées.

Seront aussi sauvegardés les droits de directe seigneurie, de louisme et de foriscape et les censives que le vénérable Vital Vidal, prêtre d'Arles, et le vénérable Michel Serradell, prêtre de St-Jean des Abbadesses, possèdent et reçoivent sur les métairies de Cos d'Avall et de Manyaques.

Il fut payé pour prix de ces métairies 104 livres, monnaie courante en Roussillon, dont 40 livres au vénérable Vital Vidal, 32 livres à Jean Boher, 32 livres à Bernard Boher.

Jérôme Amalrich, Michel Ferrer, moines de la ville d'Arles, figurent parmi les témoins de la minute.

V. Dominique Darguines, notaire d'Arles, certifie qu'il a en sa possession un capbreu des droits et revenus appartenant aux bénéfices fondés par Jean Cavarch dans l'église du monastère d'Arles, et que parmi les reconnaissances que celui-ci contient, il en est une dont voici la teneur :

« Le 20 du mois de décembre de l'an 1602, moi Michel Trescases, fils et héritier universel de feu Jacques Trescases, habitant au terroir de Cos, soumis à la juridiction de l'Abbaye d'Arles, dans la paroisse de Sainte-Cécile de Cos, je vous confesse, illustre et révérend frère François Senjust, abbé du monastère d'Arles, quoique absent, et à vos successeurs que je suis homme *proprius* et *solidus* envers vous à raison de mes métairies de Casas de Cos, de Comas de Cos d'Amont, de l'Espinas et de la font, situées dans le territoire de Cos, unies et réunies en un seul fond de terre : *in una gleba.*

Elles sont bornées, à l'orient, par la rivière de Munells jusqu'au gouffre del Séris ; au nord, par l'*excalada, serrat* amont jusqu'à la *penya* de la tour de Cos ; et, de là vers le midi, par le territoire de Prats-de-Mollo, descendant le serrat del Pla de la Coma et au col de Las perdius, *serrat avall* de Puig-Rodon jusqu'à la rencontre des eaux de Lamanère et de Serralongue avec celles du Tech, et suivant la rivière jusqu'au Pla de Manyaques d'où elles viennent confiner à la première confrontation.

Sur toutes ces métairies, la directe seigneurie, le louisme et le foriscape et l'*alienetur* appartiennent au dit seigneur abbé.

Ces métairies appartenaient à mon père comme fils et héritier de Jean de Trescases.

VI. Le 22 janvier 1623, dans la ville d'Arles, le frère Jean de Calders, abbé du monastère d'Arles loua, approuva, ratifia et de nouveau rendit stables à perpétuité à Jean Michel Trescases, habitant au terroir de Cos, dans la paroisse de Sainte-Cécile, toutes les bordes et métairies appelées de Casas de Cos, de Comas de Cos d'Amont, de l'Espinas et de la font, unies et contiguës et réunies en un fond de terre, *in una gleba*, avec toutes leurs maisons dans le terroir de Cos.

Vous possédez ces métairies et bordes, déclare l'abbé, sous le domaine direct de Nous et de nos successeurs dans la dite Abbaye et sous la prestation des censives, servitudes et taxes, de la dîme, sous pacte et condition que vous travaillerez à améliorer ces propriétés.

Outre les charges ordinaires que nous connaissons, Jean Michel Trescases doit payer pour le cens des herbes, pâturages etc..., un agneau chaque année, à la fête de Saint-Michel de septembre, à l'abbé ainsi qu'à ses successeurs.

Nous avons juridiction sur les personnes qui font feu et tiennent résidence continue comme vous le faites maintenant dans les maisons des dites métairies et bordes. Pour ces mêmes bordes et métairies vous payerez à Nous et à nos successeurs le louisme, le foriscape et le droit de lods. Cet acte remplace les chartes précaires et les titres anciens. Vous ne proclamerez d'autre maître et seigneur que Nous.

Suit l'acceptation de M. Jean Michel Trescases. Il y a au nombre des témoins le révérend Michel Ros, moine prieur de la Perxa, Abdon Bans prêtre bénéficier, tous deux d'Arles. Hurus notaire.

Pour copie conforme :

Laurent YUNYAS.

Démêlé entre Thomas Rocha

et Jean Pierre Trescases

AU SUJET D'UNE PARCELLE DE TERRE.

Un document daté du 14 décembre de l'an 1699 nous fait connaître un conflit survenu à cette époque entre magnifique Thomas Rocha citoyen honoré de Barcelone, domicilié au village de Montferrer, tuteur et curateur des personnes et des biens de nobles don François, don Jean, dona Angela, fille et fils de feu don François de Banyuls, marquis de Montferrer et seigneur du château de Nyer, d'une part; et T. R. Jean Estampa moine infirmier et fabricien du monastère d'Arles, seigneur du terroir de Cos, et honorable Jean Pierre Trescases pagés et baile de Cos, d'autre part.

Le premier voulait qu'une tenance de terre située entre la *penya* de la tour de Montalé et la rivière de Munells, depuis les *terrers blanchs* jusqu'à la division de différentes propriétés appartenant à des particuliers de Montferrer, fut terroir de cette commune et relevât par conséquent de son seigneur. A l'entendre parler, les habitants du terroir de Cos n'avaient pas le droit de dépaissance dans la dite tenance de terre, et la dîme des fruits qui en provenaient, lui revenait en sa qualité de tuteur des pupilles de Banyuls.

Le R. Jean Estampa et Jean Pierre Trescases soutenaient le contraire. De là des saisies réciproques et des procès nombreux.

Un jour, pourtant, désireux de mettre un terme à des discussions irritantes et ruineuses et de vivre en bons voisins, ils résolurent de trancher le litige à l'amiable. Thomas Rocha choisit pour arbitres magnifique Jérôme Estrade docteur en droit, de la ville de Perpignan, et Antoine Camps et de Torrent, bourgeois honoré de cette ville, domicilié à Arles.

Le T. R. F. Jean Estampa, comme seigneur de Cos, et honorable Jean Pierre Trescases, pagés et baile du même terroir portèrent leur choix sur magnifique Cyprien Bosch Garriga et Fabrega docteur en droit, domicilié à Saint-Laurent-de-Cerdans, et sur discret Emmanuel Maler notaire de la ville d'Arles.

L'illustre don Angel Carlos Delpas et de Camporells, seigneur et baron de Saint-Marsal, domicilié à Perpignan, avait mission de juger en dernier ressort et sans appel.

Les premiers experts visitent la propriété, ils interrogent, il s'assemblent. Hélas ! l'ange de la discorde les empêchait de s'entendre. Comme ils ne parvenaient jamais à se mettre d'accord, don Angel Delpas et de Camporrells intervint. Selon Dieu et sa conscience, il décida que la tenance de terre en litige resterait au terroir de Cos.

Cette décision fut approuvée par toutes les parties en présence des témoins : Michel Xanxo prêtre et curé de l'église paroissiale de Montferrer, Dominique Rossinés prêtre et vicaire du dit lieu, Pierre Sors habitant au terroir de Prats-de-Mollo, Joseph Costa notaire d'Arles.

Elle fut homologuée le 1er juillet 1700 par Raphaël d'Ortéga Closells docteur ès-lois, conseiller du roi, juge royal ordinaire de la viguerie du Roussillon et de Vallespir.

Métairie de la font ou de Ste-Cécile.

Cette métairie qu'on rencontre à quelques minutes du village du Tech, se montre en la possession de la famille Cairo en l'année 1551.

Voici une reconnaissance qui la concerne et qui a été extraite d'un capbreu de l'an 1603 : « Nous, Saturnin Centenach, serrurier du Tech, et Dominique Deljonca de Serralongue, curateurs et tuteurs des enfants et héritiers de feu Jean Cairo de la paroisse de Sainte-Cécile de Cos, déclarons tenir et posséder, pour le Révérend seigneur Jean Antoine de la Guerra, prêtre et recteur de Saint-Etienne d'Arles et de Sainte-Cécile de Cos, toutes ces maisons ou bordes appelées *Sitjes de la font falgar et de la solana.*

Les dits héritiers habitent dans la métairie de la font. Ces bordes confrontent, d'orient, à la jonction des eaux du Tech et de Serralongue au terroir de Cos. Et de là droit amont suivant le *serrat* jusqu'au *serrat de las perdius ;* et de là suivant eau versant de Prats jusqu'au pla de la Coma de Cos ; et de là, de septentrion, montant droit amont, aux terres de Vilafort de Pagarolas, haut à la tour de Montalé ; et, ensuite, d'occident, descendant *tot serrat avall à la vena de quisvol,* tout eau versant vers Sainte-Cécile de Cos jusqu'à tenance de Garcia Centenach ; du midi, à Garcia Centenach et à tenance du dit Saturnin Centenach et à Jean Coussi et à un morceau de terre de dit Garcia Centenach et au chemin royal d'Arles à Prats-de-Mollo.

Jean Cairo possédait cette propriété à titre d'un stabilimenti à lui fait par Antoine de la Guerra, suivant acte reçu par Raphaël Yunyas notaire d'Arles le 23 avril 1589.

Il convient de rapprocher de ce document une autre reconnaissance de l'an 1678. Etant plus explicite que la première, elle jette une plus vive lumière sur la question historique de la contrée dont nous parlons.

« Sébastien Deutaner, habitant la métairie ou la maison de Puig-Rodon, terroir et paroisse de Sainte-Cécile de Cos, reconnaît avoir et posséder en faveur de Jacques de Badia, prêtre docteur en théologie, recteur de Saint-Etienne d'Arles et de Sainte-Cécile de Cos, les propriétés suivantes :

Sitjes, la font falgar, la solana et leurs maisons.

J'ai, dit-il, dans la métairie de *La Font,* une maison que j'habitais auparavant et où mes prédécesseurs avaient la résidence ordinaire.

Tous ces biens m'appartiennent comme héritier universel de Gabrielle Deutaner veuve de Galceran Deutaner mes parents défunts. Ils appartenaient à ma mère héritière de feu Jean Cairo son père.

Sur ces bordes réunies en une seule et par moi reconnues, le curé de Sainte-Cécile de Cos a la coutume de recevoir de *Cens* quarante sols monnaie de Roussillon et une poule chaque année à la fête de Noël.

Le louisme et le foriscape, c'est-à-dire la troisième part du prix, la dîme et la prémice selon l'usage en vigueur dans la dite paroisse, et la directe seigneurie appartiennent aussi à ce même curé.

Je reconnais en même temps une pièce de terre où il y a une maison édifiée, située dans le terroir et la paroisse de Sainte-Cécile de Cos, devant l'église de Sainte-Cécile, pouvant contenir, de semence, six mesures de blé à peu près.

Elle confine, de part et d'autre, aux terres de la métairie de *La Font* et, de septentrion, à la dite église.

La directe seigneurie, le louisme, le foriscape, la dîme et la prémice appartiennent au curé de Sainte-Cécile de Cos.

Des documents qui précèdent il paraît ressortir que la métairie de *La Font* était dans le territoire de Prats-de-Mollo, excepté Puig-Rodon et la maison près de la chapelle de Sainte-Cécile. Elle était placée, avec toutes ses dépendances, dans la directe seigneurie du curé de Sainte-Cécile et elle lui payait le louisme, le foriscape, la dîme et la prémice.

Cette métairie semble s'être appelée tour à tour lo mas de *La Font* ou de Sainte-Cécile. Cette dernière dénomination lui est restée.

On l'appelait lo mas de *La Font*, probablement parce qu'une fontaine coulait tout à côté. On la nommait aussi lo mas de Sainte-Cécile ou à cause du voisinage de la chapelle de Sainte-Cécile ou à cause de la directe seigneurie que le curé de Sainte-Cécile avait sur elle.

I.

Eglise de Sainte-Cécile de Cos.

Un peu plus loin et au-dessus de la métairie dont il vient d'être parlé, apparaît le mamelon sur lequel a été bâtie l'église de Sainte-Cécile. L'extérieur de cet édifice se compose de pierres plus ou moins arrondies, superposées parallèlement les unes sur les autres.

On remarque la même mode de construction dans une partie du château en ruines de Serralongue. La nef est toute remplie de pierres, débris sans doute de la voûte disparue. Le sanctuaire, s'il existe encore, ne tardera pas à s'écrouler, miné par les eaux de pluie et sous les coups d'un impitoyable destructeur qui se nomme le Temps.

La porte est construite en pierres de taille, assez polies mais sans ornementation. Se maintiendra-t-elle longtemps debout? Hélas! n'a-t-elle pas été déjà touchée un peu par une main vandale?

Pourquoi s'attarder à décrire des ruines? Qu'il suffise de constater qu'il y a eu là jadis une église célèbre par son antiquité et par sa consécration.

M. l'abbé Tolra, dans son histoire du martyre des saints Abdon et Sennen, met au nombre des églises relevant de l'Abbaye d'Arles l'église de Sainte-Cécile, située dans la vallée de Cos et consacrée en 1158.

Cette année, en effet, raconte l'historien Marca, Artallus, évêque d'Elne, sur l'invitation de Raymond abbé d'Arles, vint au domaine de Cos et il y consacra une église dédiée à N.-S. J.-C. et à Sainte-Cécile vierge et martyre. L'abbé d'Arles donna à cette église, du consentement de ses frères, la troisième partie de la dîme du territoire de Cos, ainsi que la métairie habitée par le clerc. Artallus évêque d'Elne, à son tour, loua et autorisa à l'église de Sainte-Cécile toutes les dîmes, toutes les prémices, toutes les offrandes, tous les alleux qu'elle possédait et qu'elle pourrait posséder à l'avenir.

Le cartulaire roussillonnais d'Alart énumère, parmi les possessions de l'Abbaye d'Arles confirmées par le roi Carloman en 881, une cella appelée Cotso et située dans le Vallespir. Si par le mot cella il faut entendre une chapelle, c'est la chapelle de Sainte-Cécile, comme dit M. Alart, et ce ne peut être qu'elle. Son origine remonterait bien haut et semblerait se perdre dans la nuit des Temps.

Si elle est tombée en ruines, à qui la faute? N'est-elle pas à la Révolution? On dit qu'à cette époque un nommé D. s'avisa de vendre à un espagnol la cloche oubliée au clocher de Sainte-Cécile.

A peine la nouvelle de ce marché fut-elle connue que les habitants du Tech coururent nombreux à la poursuite du marchand espagnol. L'ayant atteint près de la métairie Fourneills, au territoire de Serralongue, ils le déchargèrent lestement de son précieux fardeau. Cette cloche est maintenant au clocher de l'église du Tech.

« Je puis dire — c'est M. l'abbé Joseph Deltrull qui parle, — pour l'avoir vue de mes yeux, que la petite cloche, dite de Sainte-Cécile parce qu'elle provient de l'ancienne église de Sainte-Cécile de Cos, porte la simple inscription suivante : « sit nomen Domini benedictum » avec le millésime 1676. Elle a aussi une croix, Saint-Laurent et un autre diacre, je pense, je ne sais lequel. » Les deux diacres que M. l'abbé Deltrull a cru voir gravés sur la cloche de Sainte-Cécile,

pourraient bien n'être que les saints protecteurs de
la ville d'Arles et de la contrée environnante : Abdon
et Sennen.

Ce qui confirmerait cette opinion, c'est que l'église
de Sainte-Cécile de Cos relevait de l'Abbaye d'Arles
où les « corps saints » de ces deux glorieux martyrs
étaient gardés avec grand honneur et profonde véné-
ration.

Enfin, lorsqu'il s'agit de la chapelle de Sainte-Cécile,
d'ordinaire on lui joint le complément de Cos. On dit :
« l'église de Sainte-Cécile de Cos. » Probablement on
la désignait ainsi — parce qu'elle était sur le territoire de Cos et pour la distinguer d'autres églises
dédiées à Sainte-Cécile.

II.

Paroisse de Sainte-Cécile.

L'église de Sainte-Cécile était destinée à quelques
habitations dont l'ensemble formait une paroisse dis-
tincte sous le patronage de Sainte-Cécile vierge et
martyre. Cette paroisse n'était pas bien vaste, car
avec le territoire de Cos elle ne comprenait que la
métairie de *La Font* et la rue d'Amont du lieu du
Tech. Elle était circonscrite : à l'orient, par la rivière
de Munells ou de Montferrer ; au midi, par la rivière
du Tech ; à l'occident, par la rivière de Banat ; au
nord, par les terres de Pagaroles. Ces limites ne dif-
fèrent guère de celles indiquées par le cartulaire
d'Alart.

Les dimensions étroites de l'église donnent elles-mêmes assez à comprendre qu'il n'y avait pas là une nombreuse population, surtout à son origine.

La paroisse de Sainte-Cécile était placée sous l'obédience de l'Abbaye d'Arles. « Nous ordonnons, disait Artallus, à l'église de Sainte-Cécile d'obéir à celle d'Arles. » Cette paroisse n'existe plus maintenant. Vous plaît-il de connaître l'époque où elle a disparu ? Pour cela, rien de mieux, ce semble, que de suivre la paroisse de Sainte-Cécile dans sa marche à travers les siècles.

Selon l'acte de la concession des justices à Dalmau de Castelnou seigneur du château de Montferrer par Don Sanche roi de Majorque, la plus grande partie de la montagne de Montalé appartenait à la paroisse de Sainte-Cécile de Cos. Nous sommes déjà en 1313.

Afin d'éviter des redites ennuyeuses, passons immédiatement en l'année 1711. A cette époque Jean Pierre Trescases fait son testament en sa métairie de Cos, il déclare vouloir être inhumé dans l'église de Sainte-Cécile de Cos, dans la tombe de ses ancêtres, et il nomme exécuteur testamentaire, le Révérend Antoine Xaupi, docteur ès-lois, prêtre et curé de Saint-Etienne d'Arles et de Sainte-Cécile de Cos.

En descendant le cours des années, nous rencontrons sur nos pas un document daté du 20 décembre 1732. (1)

(1) « A monsieur Costa, baile de la ville et du territoire de Prats-de-Mollo. Supplie humblement Etienne Deutaner, voiturier, habitant en la maison de Puig-Rodon, terroir de Sainte-Cécile de Cos, disant qu'en qualité de fermier des dîmes et des prémices du curé de Sainte-Cécile, il est en droit de percevoir la dîme de bétail qui naît en la maison de Guillaume tailleur au lieu du Tech, terroir de la ville de Prats-de-Mollo et paroisse de Sainte-Cécile de Cos, comme de tout temps l'ont perçue ses devanciers à la dite cure.

Autre Guillaume Vial — autrement appelé Serralla — meunier à farine du dit lieu, n'aurait pas fait difficulté de se faire payer par le dit Vial tailleur la moitié tant de la laine que de la chair d'un agneau qui appartenait au suppliant pour être né en la dite maison, sous prétexte que le

Etienne Deutaner revendique, en sa qualité de fermier des dîmes et des prémices du curé de Sainte-Cécile, le droit de percevoir la dîme du bétail qui nait dans la maison de Guillaume Vial tailleur, habitant au lieu du Tech, dans le territoire de Prats-de-Mollo et la paroisse de Sainte-Cécile de Cos.

Nous voici arrivés en l'année 1770, trente ans au delà de 1740. En ce temps-là, le 21 mars Joseph Trescases teste et demande à être enterré à l'église paroissiale de Sainte-Cécile de Cos. Il veut que vingt messes soient célébrées pour le repos de son âme dans cette église.

Il est donc vrai que l'église et la paroisse de Sainte-Cécile se trouvaient à cette époque dans la même situation qu'en 1711.

Ne nous arrêtons pas en si bon chemin. Une quittance nous montre qu'en 1776 la paroisse de Sainte-Cécile n'avait pas perdu son titre officiel : « dic jo baix firmat com arrendador del delme y censos de Santa-Cecilia de Cos, senyoria del rector de Sant-Esteva de Arles, com Miquel Trescases me a pagat tots los anys caïguts fins al nadal de 1775, vint sous per quiscun any y per ser veritat o firmo. Als 8 mars 1776, Deutaner. »

dit agneau aurait été trouvé cet été dépaissant les herbages de la métairie de la Casadamont. Il se dit fermier des dîmes appartenant au curé de Montferrer. Conclut le suppliant que commandement soit fait au dit Vial Serralla de remettre dans trois jours entre les mains de Vial tailleur l'argent qu'il a retiré à raison de la dite moitié, de prétendue dîme de laine et de viande de l'agneau en question sous les peines qu'il vous plaira de lui imposer. Le tout aux dépens, dommages et intérêts. Je déclare élection de domicile en la maison d'Emmanuel Rondony droguiste de cette ville, située à la place d'en Romeu et ferez bien. »

« Soit fait le commandement requis sous les peines de trente livres monnaie de France, sauf raisons en contraire dans le délai de trois jours, et notifié.

Fait à Prats-de-Mollo le 20 décembre 1732.

Signé : COSTA *baille.* »

Arrivons sans plus tarder à l'année 1794 et recueillons un témoignage de haute importance : « L'an 1794 et le 16 février nous soussigné Jean-Baptiste Anglès, prêtre et chanoine de l'église cathédrale d'Elne et vicaire général du diocèse d'Elne, agissant pour M. Trilles desservant le Tech, chargé aussi, par M. Puig curé d'Arles, de la desserte du terroir de Cos de Sainte-Cécile, avons baptisé Joseph Paul Abdon — aux fonts-baptismaux de l'église ou chapelle de Sainte-Cécile, dépendante de la paroisse d'Arles — fils légitime de Philippe Ramon pagés et de Thérèse Valls son épouse, habitant à la métairie de Cos, paroisse de Sainte-Cécile.

En foi de ce, Anglès vic. général. »

Que conclure ? La tourmente révolutionnaire qui ruina l'Abbaye d'Arles, l'église et la paroisse de Saint-Etienne de cette ville aura emporté dans un commun désastre l'église et la paroisse de Sainte-Cécile de Cos.

En résumé : la paroisse de Sainte-Cécile a subsisté jusqu'à la Révolution française.

L'église du Tech n'avait pas absorbé les revenus et la vie religieuse de l'église de Sainte-Cécile. Elles vivaient côte à côte indépendantes et obéissant à des seigneurs distincts.

Celle de Sainte-Cécile était placée sous la juridiction spirituelle et la directe seigneurie du curé de Saint-Etienne d'Arles, soumis lui-même à l'Abbaye de cette ville, tandis que l'église du Tech, située dans le territoire de Prats-de-Mollo et dans la seigneurie du château de la Maso, relevait de l'évêque d'Elne.

III.

Noms des curés de la paroisse de Ste-Cécile.

1º Pierre Ros, — 1551.

2º Jean Antoine de la Guerre, — 1589.

3º Abdon Torrents, — 1637.

4º Jacques de Badia, prêtre docteur en théologie, — 1678.

5º Antoine Xaupi, prêtre docteur en théologie, — 1696.

6º Joseph Isos, — 1763.

7º Charles Puig, — 1789.

Il est à remarquer que M. l'abbé Pierre Ros est cité dans un terrier de l'an 1603 comme ancien curé de Sainte-Cécile de Cos.

Celui-ci excepté, tous les autres apparaissent avec la double qualité de curé de Sainte-Cécile de Cos et de Saint-Etienne d'Arles.

Comme il n'était pas facile aux paroissiens de Sainte-Cécile de recourir à leur propre curé pour la réception des sacrements, ce dernier, pour leur commodité, déléguait le prêtre qui résidait au Tech, pour remplir les fonctions paroissiales dans l'église de Sainte-Cécile ou même dans celle du lieu du Tech. Alors le prêtre desservant le Tech avait soin de déclarer — dans les actes de baptême, de mariage et de sépulture — qu'il y agissait par commission où à titre de vicaire du curé de Saint-Etienne d'Arles et de Sainte-Cécile de Cos. Voici un exemple de formule employée dans ces circonstances : « Le 13 septembre 1771, dans l'église du lieu du Tech, diocèse d'Elne, je soussigné desservant

du Tech et vicaire de Sainte-Cécile de Cos, ai assisté
— les bans ayant été publiés du consentement des
parents et des propres curés — au mariage de François
Noguer brassier de la paroisse de Sainte-Cécile de Cos.

En foi de ce, Sobraqués prêtre desservant. »

IV.

Presbytère.

D'après l'acte de consécration de l'église de Sainte-
Cécile, le révérendissime abbé d'Arles donna à cette
église la métairie habitée par le clerc. S'agit-il ici de
la maison en ruines qui se trouve, à une faible dis-
tance, en face même de l'église ?

Il est permis, ce me semble, d'émettre un doute.
Des terriers anciens mentionnent une maison en face
de l'église, enclavée dans les terres de la métairie de
La Font. Ils ne la désignent jamais comme presbytère
mais comme une propriété de cette dernière métairie.

La métairie mentionnée dans l'acte de consécration
n'est-elle pas plutôt la métairie même de *La Font ?*
On sait que les curés de Sainte-Cécile exerçaient sur
cette métairie et ses dépendances les droits de directe
seigneurie, de louisme et de foriscape. D'où leur ve-
nait cette faveur ? N'y a-t-il pas là une libéralité par
laquelle l'abbé d'Arles se proposait d'assurer, dans la
paroisse de Sainte-Cécile, l'exercice du culte, en y as-
surant la résidence d'un prêtre ?

Un jour, pourtant, la cure de Sainte-Cécile fut réu-
nie à celle de Saint-Etienne d'Arles. Cette union était
déjà accomplie vers le milieu du seixième siècle.

Quand a-t-elle eu lieu ? Quelle en a été la cause ? Deux questions capables de piquer la curiosité des archéologues et de stimuler leurs patientes recherches.

V.

Cimetière.

Pour arriver à la porte de l'église de Sainte-Cécile, on devait traverser un espace de terrain : le cimetière. Artallus, évêque d'Elne en autorisa l'établissement et li ordonna aux paroissiens de Sainte-Cécile d'y recevoir la sépulture.

« Durant plusieurs siècles, — a dit un enfant du Tech, — les paroissiens de Sainte-Cécile furent ensevelis dans ce petit cimetière, trop oublié de nos jours par les cœurs indifférents de la contrée.

Il faut espérer cependant que nous verrons bientôt les descendants de ces morts mille fois chers s'empresser de leur accorder les honneurs qui leur sont dûs. »

Conseiller est bien ; faire est mieux. Aussi l'auteur de ces lignes mises entre parenthèse aura un bon mouvement : il mettra la main à l'œuvre tout de suite, avant que la mort ne vienne. Oh ! quelle gloire pour son nom ! Et surtout, comme ses chers morts vont tressaillir de joie sous leurs tombes, grâce à son exemple !

VI.

Harmonie entre la paroisse du Tech et la paroisse de Sainte-Cécile.

On s'est plu à écrire que les habitants savaient plaider les droits de leur église paroissiale parce que, dans toutes les ventes relatives aux propriétés enclavées dans la paroisse de Sainte-Cécile, une réserve spéciale est toujours faite pour les droits de la cure — salvo jure rectoriœ sanctœ Ceciliœ — et que, d'après ces documents, on peut conclure que les deux paroisses vivaient côte à côte dans une harmonie parfaite.

Sans médire des paroissiens de Sainte-Cécile, il y a lieu d'observer que cette réserve — sauf le droit... — ne se trouve pas seulement dans les actes concernant la paroisse de Sainte-Cécile mais aussi dans tous ceux qui se passaient ailleurs. Les titulaires de certains droits, loin de compter sur le bon vouloir de leurs débiteurs, veillaient à ce que leurs droits fussent sauvegardés, afin de prévenir les funestes conséquences qu'une négligence sur ce point pouvait entraîner. En effet, si vous avez un jour l'occasion de lire un vieux manuscrit qui est aux archives paroissiales de Prats-de-Mollo, vous remarquerez souvent cette curieuse réflexion : « un tal censal no se paga, falte lo acte. »

Et puis ne vous semble-t-il pas entendre les plaintes de l'église du Tech contre sa voisine : pourquoi t'obstines-tu à réserver la dîme, la prémice et autres ressources au curé de Saint-Etienne ? Il est si loin ! En me cédant tes revenus, tu assurerais la résidence d'un prêtre dans le village du Tech. Mes enfants, tes enfants aussi y gagneraient.

Et l'église de Sainte-Cécile de répondre : je ne puis acquiescer à tes désirs. Les droits de mon curé sont respectables par leur antiquité ; ils sont sacrés. As-tu oublié la menace de l'abbé d'Arles : « Si quelqu'un ose se permettre une violence contre lui, qu'il soit excommunié !..... »

N'est-il pas exact de dire que, depuis quelques années, il y avait conflit entre ces deux églises. Celle de Sainte-Cécile vit avec peine se lever à ses côtés une rivale.

L'église du Tech cherchait à supprimer sa devancière qui n'avait plus sa raison d'être, se trouvant loin du centre de la population, dans un désert à peu près.

Ce n'est qu'en 1826, comme il a été déjà dit, que la paroisse de Sainte-Cécile de Cos contribua à constituer officiellement la paroisse du Tech.

En écrivant cette notice, je me suis appliqué, autant que j'ai pu, à me conformer à ces paroles de Saint-Augustin :

> *In necessariis unitas, in dubiis libertas*
> *in omnibus charitas.*

« Dans les choses nécessaires unité, dans les douteuses liberté, dans toutes charité. »

Y ai-je réussi ? Je le souhaite de tout mon cœur.

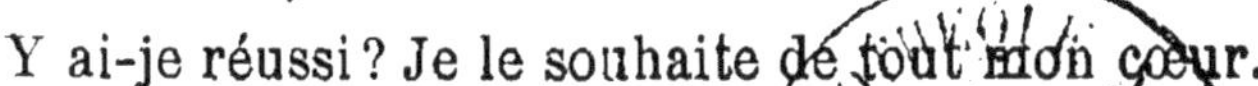

44